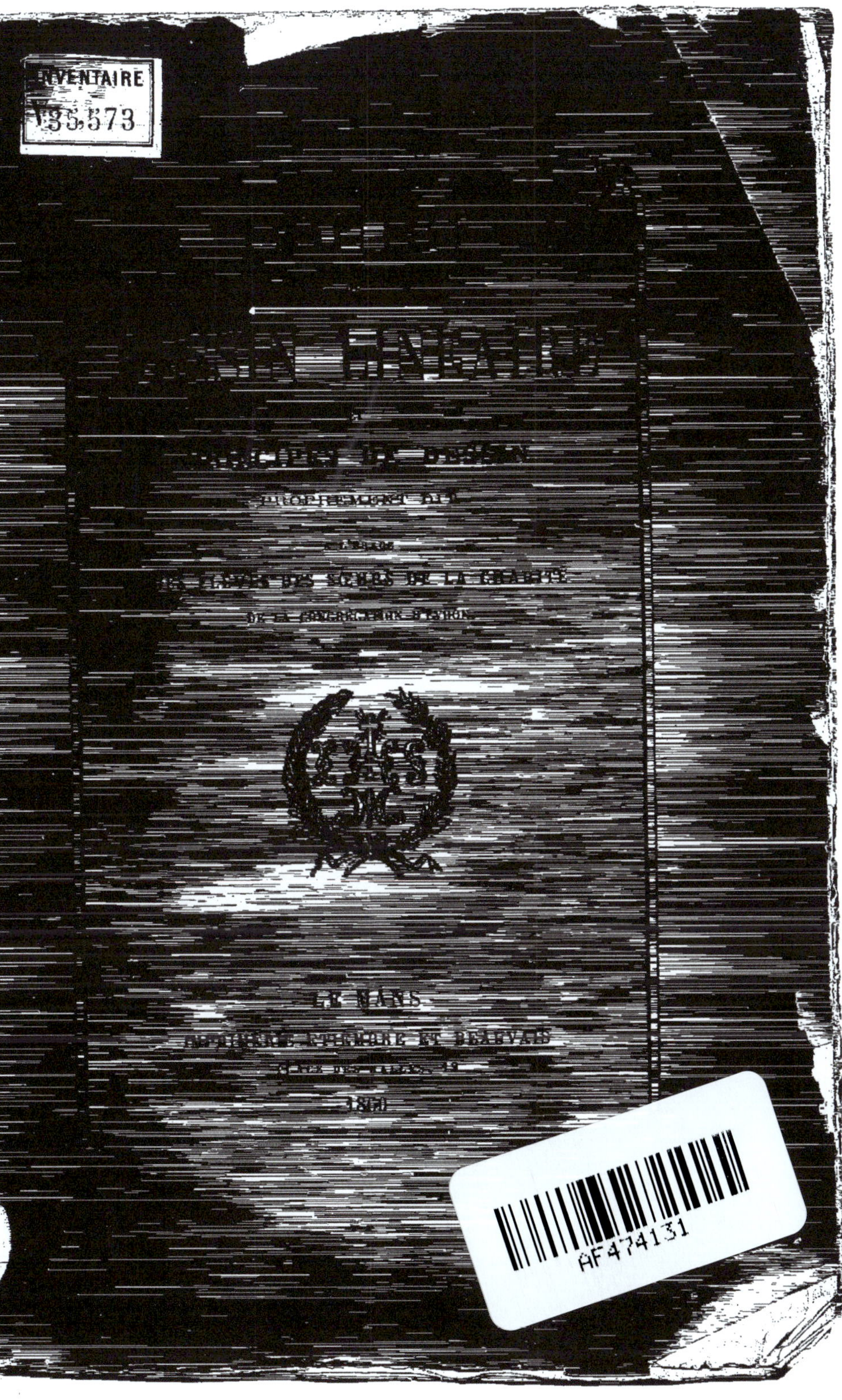

[illegible]

PRINCIPES DE DESSIN
PROPREMENT DIT
A L'USAGE
DES ÉLÈVES DES SŒURS DE LA CHARITÉ
DE LA CONGRÉGATION D'ÉVRON

LE MANS
IMPRIMERIE [illegible] ET BEAUVAIS
[illegible]
[illegible]

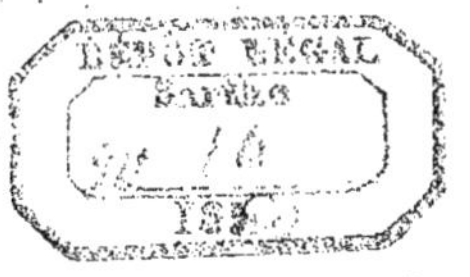

COURS

DE

DESSIN LINÉAIRE

COURS

DE

DESSIN LINÉAIRE

ET

PRINCIPES DE DESSIN

PROPREMENT DIT

A L'USAGE

DES ÉLÈVES DES SŒURS DE LA CHARITÉ

DE LA CONGRÉGATION D'ÉVRON.

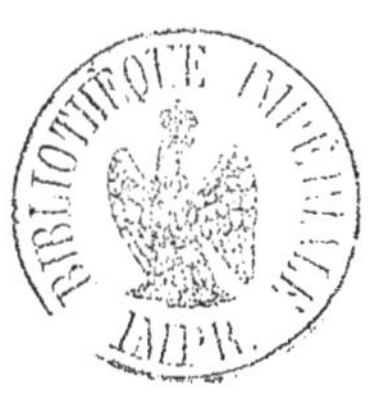

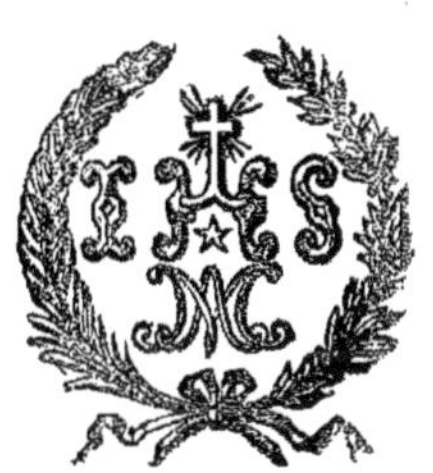

LE MANS

IMPRIMERIE ÉTIEMBRE ET BEAUVAIS

PLACE DES HALLES, 19

1860

INTRODUCTION.

Ce cours de Dessin linéaire forme un ensemble des principes géométriques et des exercices linéaires qui ont paru le plus appropriés à l'usage des jeunes personnes ; on s'y est appliqué à répondre aux questions adressées ordinairement aux aspirantes au brevet de capacité. Les problèmes que l'on y a insérés, une fois bien compris, donneront une grande facilité pour le lever des plans, pour la copie exacte, et même pour la composition des figures plus ou moins compliquées dont l'emploi est fréquent dans l'ornement, la broderie, etc.

DESSIN LINÉAIRE.

DEMANDE. *Qu'est-ce que le Dessin linéaire en général ?*

Réponse. Le Dessin linéaire, dans un sens général, est l'art d'imiter les contours des corps et de leurs différentes parties à l'aide de simples traits, sans le secours des ombres et des couleurs.

D. *Qu'est-ce que le Dessin linéaire tel que l'entend la loi sur l'instruction primaire, et sur quoi s'appuie-t-il ?*

R. Le Dessin linéaire, tel que l'entend la loi sur l'instruction primaire, n'est qu'une application usuelle de la Géométrie ; il s'appuie sur les éléments géométriques, et a pour objet principal de représenter les productions de l'industrie et des arts.

PRINCIPES
DE
GÉOMÉTRIE

POUR SERVIR DE BASE AU DESSIN LINÉAIRE.

DEMANDE. *Qu'est-ce que la Géométrie?*

Réponse. C'est une science qui a pour objet la mesure de l'étendue dans toutes ses propriétés.

D. *Comment la Géométrie considère-t-elle les corps ?*

R. Elle ne les considère que sous le rapport de la grandeur ou *étendue*. Les corps ont trois dimensions : longueur, largeur et épaisseur ou hauteur.

D. *Qu'est-ce qu'une surface?*

R. C'est ce qui a deux dimensions : longueur et largeur.

D. *Qu'est-ce qu'une surface plane?*

R. C'est une surface telle qu'en y appliquant une règle dans tous les sens, la règle touche la surface dans tous les points. Si la règle ne touche pas tous les points, la surface est courbe ou composée de faces planes inclinées entre elles.

D. *Qu'est-ce qu'un point?*

R. C'est un espace qui a infiniment peu d'étendue: le point géométrique ne peut tomber sous les sens, on l'exprime par un point physique A (fig. 1re).

D. *Qu'est-ce qu'une ligne géométrique?*

R. Une ligne géométrique est ce qui a longueur seulement; les extrémités d'une ligne s'appellent points. Une ligne tracée sur le papier avec du crayon est un véritable corps ayant: longueur, largeur et épaisseur ou hauteur; elle ne doit donc pas être confondue avec la ligne géométrique.

D. *Combien distingue-t-on de sortes de lignes?*

R. Deux sortes: la ligne droite et les lignes courbes.

D. *Qu'est-ce qu'une ligne droite?*

R. C'est une suite de points dans la même direction, c'est le plus court chemin d'un point à un autre, AB (fig. 2).

D. *Qu'est-ce qu'une ligne courbe?*

R. On appelle ligne courbe celle dont les différents points ne sont pas dans la même direction DE (fig. 3).

D. *Combien y a-t-il de sortes de lignes droites?*

R. Il n'y en a que d'une sorte: car il ne peut y avoir qu'un chemin direct d'un point à un autre.

D. *Combien y a-t-il de sortes de lignes courbes?*

R. Il y en a une infinité : un point pouvant s'éloigner plus ou moins de sa direction pour se rendre à un but désigné; la principale de ces courbes est la circonférence du cercle.

D. *Quand est-ce qu'une courbe est indéterminée ?*

R. C'est lorsqu'on ne connaît qu'un ou deux points par où elle doit passer.

D. *Quand est-ce qu'une courbe est déterminée ?*

R. C'est lorsqu'on connaît trois points par où elle doit passer.

D. *De quelles lignes la Géométrie élémentaire s'occupe-t-elle principalement?*

R. Des lignes droites et de la circonférence seulement.

DIRECTION DES LIGNES DROITES.

D. *La direction des lignes droites change-t-elle leur dénomination?*

R. Oui, on les appelle verticales, horizontales, etc., selon leur direction.

D. *Qu'est-ce qu'une ligne verticale?*

R. C'est une ligne déterminée par la direction d'un fil à l'extrémité duquel on a suspendu une petite masse CD (fig. 5).

D. *Qu'est-ce qu'une ligne horizontale?*

R. C'est la droite perpendiculaire à la verticale; elle répond au niveau de l'eau tranquille. AB (fig. 5).

D. *Qu'appelle-t-on lignes parallèles?*

R. Les parallèles sont des lignes qui ne peuvent jamais se rencontrer, parce qu'il existe toujours le même écartement entre elles. AB, CD (fig. 7) sont des parallèles.

D. *Qu'est-ce qu'une diagonale?*

R. C'est une ligne qui joint deux angles opposés AD (fig. 11).

D. *Comment trace-t-on une ligne droite?*

R. En faisant glisser une pointe à tracer le long d'une règle.

D. *Quand est-ce qu'une droite est indéterminée?*

R. C'est lorsqu'on ne connaît qu'un point par où elle doit passer.

D. *Quand est-ce qu'une droite est déterminée?*

R. C'est lorsqu'on connaît deux points par où elle doit passer.

D. *Quand deux ou plusieurs lignes droites se rencontrent, ne forment-elles pas des figures que l'on distingue par des noms particuliers?*

R. Oui, on distingue les angles et les polygones.

DES ANGLES.

D. *Qu'est-ce qu'un angle?*

R. Un angle est l'écartement de deux lignes qui se coupent ; le point où elles se coupent se nomme *sommet* ou point d'intersection (fig. 4). Lorsqu'on désigne un angle par trois lettres, on doit mettre au milieu celle qui désigne le sommet; ainsi on dira l'angle BAG ou l'angle GAB (fig. 4).

D. *Qu'arrive-t-il quand deux droites se coupent?*

R. Une droite qui rencontre une autre droite forme avec celle-ci deux angles adjacents; c'est-à-dire placés l'un à côté de l'autre, qui sont égaux ou inégaux.

D. *Si les deux angles sont égaux, comment les nomme-t-on?*

R. On les nomme angles droits.

D. *Comment appelle-t-on la ligne qui les forme?*

R. C'est une perpendiculaire. Ainsi, dans la figure 5, les angles adjacents ADC, CDB sont droits, et la ligne CD est perpendiculaire.

D. *Si les angles adjacents sont inégaux comme dans la fig. 6, quel nom prennent-ils?*

R. L'un d'eux ADC, qui est plus grand qu'un angle droit, se nomme *obtus;* et l'autre, qui est plus petit qu'un angle droit, se nomme *aigu.* La ligne CD est alors une ligne oblique.

D. *Comment nomme-t-on les angles par rapport à leurs côtés?*

R. On nomme angle rectiligne celui qui est formé par deux droites CBD (fig. 5); curviligne celui qui est formé par deux courbes (fig. 5 *bis*); et mixtiligne celui qui est formé par une droite et une courbe (fig. 6 *bis*).

POLYGONES.

D. *Qu'est-ce qu'un polygone?*

R. C'est l'espace renfermé par des lignes.

D. *Comment distingue-t-on les polygones?*

R. Par le nombre de lignes qui leur servent de limites et qu'on nomme côtés du polygone.

D. *Comment nomme-t-on les polygones formés par des courbes?*

R. On les nomme polygones curvilignes (fig. 8 *bis*).

D. *Quel nom prennent les polygones formés par des droites?*

R. On les appelle polygones rectilignes (fig. 8).

D. *Quel nom donne-t-on aux polygones formés à la fois par des droites et par des courbes?*

R. On les nomme mixtilignes (fig. 9 *bis*).

TRIANGLES.

D. *Quel est le plus simple des polygones?*

R. C'est le triangle ou polygone à trois côtés.

D. *Y a-t-il plusieurs sortes de triangles?*

R. On en distingue un grand nombre, soit par rapport aux lignes dont ils sont formés, soit par rapport à leurs côtés, soit enfin par rapport à leurs angles.

D. *Quels sont les principaux triangles?*

R. 1° Le triangle *équilatéral* dont les trois côtés sont égaux (fig. 8); 2° le triangle *isocèle* qui a deux côtés égaux (fig. 9); 3° le triangle *scalène* dont les trois côtés sont inégaux (fig. 10); 4° le triangle *rectangle* est celui qui a un angle droit; le côté opposé à l'angle droit s'appelle hypoténuse (fig. 10 *bis*).

QUADRILATÈRES ET AUTRES POLYGONES.

D. *Comment s'appelle le polygone à quatre côtés?*

R. C'est un quadrilatère.

D. *Parmi les quadrilatères quels sont ceux que l'on distingue particulièrement?*

R. On distingue le *carré* dont les quatre côtés sont égaux et dont les quatre angles sont droits (fig. 11).

Le *rectangle* désigné vulgairement sous le nom de

carré long; les côtés opposés sont égaux et les angles sont droits (fig. 12).

Le *losange* dont les quatre côtés sont égaux et dont les angles ne sont pas droits (fig. 13).

D. *Qu'est-ce qu'un polygone régulier?*

R. C'est un polygone dont les angles sont égaux ainsi que les côtés. Les fig. 8 et 11 sont des polygones réguliers.

D. *Qu'est-ce qu'un polygone irrégulier?*

R. C'est un polygone dont les angles ou les côtés sont inégaux; les fig. 9, 10, 12, sont des polygones irréguliers.

D. *Quels sont les polygones les plus usités?*

R. Ce sont les quadrilatères, les pentagones, les hexagones, les octogones, etc.

La fig. 14 représente un pentagone régulier.

La fig. 15 un hexagone régulier.

La fig. 16 un octogone régulier.

DE LA CIRCONFÉRENCE.

D. *Qu'est-ce que la circonférence?*

R. La circonférence est une ligne courbe dont tous les points sont également éloignés d'un point intérieur nommé centre. ADB (fig. 17) est une circonférence dont le centre est C.

D. *Qu'est-ce qu'un diamètre?*

R. C'est une ligne qui passe par le centre et dont les extrémités aboutissent à la circonférence. La ligne AB (fig. 17) est un diamètre.

D. *Qu'est-ce qu'un rayon?*

R. C'est une droite qui va du centre à la circonférence. Les lignes AC, DC, BC (fig. 17), sont des rayons.

D. *Qu'est-ce qu'un arc?*

R. C'est une portion de la circonférence telle que AE ou ED (fig. 17).

D. *Qu'est-ce qu'une corde?*

R. C'est une droite qui joint les deux extrémités d'un arc DE (fig. 17).

D. *Qu'est-ce qu'une tangente?*

R. C'est une ligne qui ne fait que toucher la circonférence HL (fig. 17).

D. *En combien de parties se divise une circonférence grande ou petite?*

R. Toute circonférence grande ou petite se divise en 360 parties égales qu'on appelle degrés; chaque degré est divisé en 60 minutes, et chaque minute en 60 secondes. Une demi-circonférence est donc égale à 180 degrés, et un angle droit à 90 degrés.

D. *Qu'est-ce qu'un cercle?*

R. C'est la surface renfermée par la circonférence.

DES CORPS OU SOLIDES.

D. *Parmi les corps ou solides, quels sont les plus intéressants à connaître?*

R. Ce sont : 1o la pyramide; 2o le cube; 3o le prisme.

D. *Qu'est-ce qu'une pyramide?*

R. C'est un corps terminé par plusieurs plans qui aboutissent à un point nommé *sommet* de la pyramide.

D. *Quelle est la base de la pyramide?*

R. Elle peut être un triangle, un quadrilatère, un pentagone, etc. La pyramide est alors appelée triangulaire, ou quadrangulaire, ou pentagonale, etc.

La fig. 18 représente une pyramide triangulaire.

D. *Qu'est-ce qu'un cube?*

R. C'est un corps terminé par six carrés égaux (fig. 19).

D. *Qu'est-ce qu'un prisme?*

R. C'est un corps dont la base supérieure et la base inférieure sont des polygones égaux et parallèles, et dont les faces latérales sont des parallélogrammes, c'est-à-dire des quadrilatères dont les côtés opposés sont égaux.

D. *Comment distingue-t-on les différentes espèces de prismes?*

R. On les distingue par la base qui peut être un triangle, un quadrilatère, un pentagone, un hexagone, etc.

Le prisme alors est dit : triangulaire, quadrangulaire, etc.

La fig. 20 représente un prisme pentagonal.

CORPS RONDS.

D. *Qu'est-ce qu'on entend par corps ronds?*

R. On entend par corps ronds certains solides qui sont terminés par des faces arrondies.

D. *Quels sont les corps ronds dont s'occupe la Géométrie élémentaire?*

R. Ce sont : 1° le cylindre; 2° le cône; 3° la sphère.

D. *Qu'est-ce qu'un cylindre, vulgairement nommé rouleau ?*

R. C'est un solide engendré par la révolution d'un rectangle autour d'un de ses côtés immobiles; le côté opposé décrit, dans sa révolution, une surface courbe qui est la surface convexe du cylindre.

D. *Quelles sont les bases du cylindre?*

R. Les bases du cylindre sont des cercles égaux et parallèles (fig. 21).

D. *Qu'est-ce qu'un cône?*

R. C'est un solide dont la base est un cercle et le sommet un point; il est engendré par la révolution d'un triangle rectangle autour d'un des côtés de l'angle droit (fig. 22).

D. *Qu'est-ce qu'une sphère que l'on appelle aussi globe ou boule?*

R. C'est un solide engendré par la révolution d'un demi-cercle autour du diamètre qui reste immobile. Tous les points de la surface de la sphère sont à égale distance d'un point intérieur nommé centre de la sphère.

La fig. 23 représente une sphère.

DES PROBLÈMES.

D. *Qu'est-ce qu'un problème en général?*

R. C'est une question à résoudre.

D. *Qu'est-ce qu'un problème géométrique?*

R. On donne le nom de problème à toute question où il s'agit de trouver la position de certains points, de certaines droites, etc., ou les grandeurs de certains angles, de certaines droites, etc., à l'aide d'autres points, d'autres droites qui sont connus. Les *données* d'un problème sont les parties connues; on nomme *constructions* les opérations qu'il faut faire pour découvrir ce que l'on cherche; l'ensemble des opérations forme la solution du problème. Cette solution se nomme *géométrique*, si l'on ne se sert que de la règle et du compas ; si l'on se sert d'autres instruments, la solution est dite *mécanique*.

OPÉRATIONS.

D. *Que faut-il faire pour partager une droite en deux parties égales?*

R. Il faut décrire de ses extrémités EF (fig. 1re) des arcs de même rayon qui se coupent en A et en B;

joindre les points d'intersection par la ligne AB : cette droite partage la ligne donnée en deux parties égales et lui est perpendiculaire.

D. *Comment partage-t-on une courbe en deux?*

R. En faisant (fig. 2) la même opération que pour la ligne droite.

D. *Que faut-il faire pour élever une perpendiculaire (fig. 3) sur le milieu d'une ligne donnée?*

R. Il faut encore avoir recours à la même opération ou se servir de l'équerre pour abréger.

D. *Que faut-il faire pour élever une perpendiculaire sur l'extrémité d'une droite qui ne peut être prolongée?*

R. Par le point A (fig. 4) comme centre, et avec un rayon arbitraire, il faut tracer un arc indéfini CD; on porte ensuite la pointe du compas en C, et avec le même rayon on trace l'arc AF qui coupe le premier en F, on tire la droite CF et ayant porté la distance CF de F en G, le point G détermine avec le point A la direction de la perpendiculaire.

D. *Comment peut-on, par un point donné hors d'une droite, lui mener une perpendiculaire?*

R. Soit la droite AB (fig. 5) et le point C donné; ayant placé la pointe du compas en C, on porte de part et d'autre la distance égale CD et CE, puis plaçant successivement la pointe du compas en D et en E, on décrit les arcs IK, LM, avec des rayons égaux. Le point O où ces arcs se coupent, détermine avec le point donné la direction de la perpendiculaire.

D. *Que faut-il faire pour construire sur une ligne donnée un angle égal à un autre, par exemple sur la ligne* DE (*fig.* 7) *un angle égal à* CAB (*fig.* 6)?

R. Il faut, de l'extrémité de la ligne DE et d'une ouverture de compas arbitraire, décrire un arc EH; de la même ouverture de compas en décrire un autre BG à partir du point A de l'angle CAB; prendre la grandeur BG et la porter de E en H (fig. 7); tirer la ligne DF et l'on aura l'angle demandé. D'après ce principe il est aisé de comparer deux angles et de déterminer leur valeur respective et leur différence.

D. *Que faut-il faire pour diviser une ligne donnée en un certain nombre de parties égales?*

R. Soit la ligne AB (fig. 8) que l'on veut diviser en sept parties égales : on tire la ligne AC formant avec la première un angle arbitraire; on porte sur la ligne AC, à partir du point A, sept parties égales, d'une longueur telle qu'elles ne forment pas, réunies, une longueur beaucoup plus grande ni beaucoup plus petite que la ligne AB; du point D, où se termine la dernière, on tire la ligne DB, et par les points E, G, I, L, N, P, les parallèles EF, GH, IK, etc.; ces parallèles partagent la ligne donnée en parties égales.

D. *Qu'appelle-t-on lignes proportionnelles?*

R. Ce sont des lignes dont les longueurs comparées entre elles peuvent former une proportion.

D. *Quand est-ce que quatre lignes peuvent former une proportion?*

R. C'est lorsque le rapport de la première à la deuxième est le même que celui de la troisième à la quatrième; par exemple il existe le même rapport entre les lignes A et B (fig. 9) qu'entre C et D, c'est-à-dire que B est un tiers plus grand que A, comme D est un tiers plus grand que C, ce qu'on peut voir par les divisions; elles forment par conséquent une proportion que l'on peut exprimer ainsi : A:B::C:D.

D. *Que faut-il faire pour trouver une quatrième proportionnelle à trois lignes données* P, Q, R (*fig.* 10)?

R. Tirer deux lignes AM, AN, qui forment un angle quelconque; porter de A en B la longueur de P, et la longueur de Q de B en C; porter également la longueur de R de A en D; joindre BD par une droite, et par le point C mener CE parallèle à BD, qui détermine DE pour la quatrième proportionnelle demandée; en sorte qu'on peut dire : AB:BC::AD:DE.

D. *Que faut-il faire pour couper une ligne* AB (*fig.* 11) *en moyenne et extrême raison?*

R. Il faut, à l'une des extrémités de la ligne donnée, élever une perpendiculaire AD égale à la moitié de la ligne AB; joindre les points B et D par une droite; du point D comme centre et d'un rayon égal à AD décrire une circonférence qui coupe en E la ligne BD; enfin on porte BE de B en C, et la ligne AB est coupée en moyenne et extrême raison.

D. *Pourquoi dit-on que cette ligne est coupée en moyenne et extrême raison?*

R. Parce qu'elle est coupée en deux parties AC, BC, de manière à ce que l'une d'elles BC est moyenne proportionnelle entre la ligne entière AB et la partie AC : en sorte qu'on peut dire : AC:BC::BC:AB ou AB:BC ::BC:AC.

D. *Que faut-il faire pour construire un triangle égal à un triangle donné?*

R. Supposant que l'on donne le triangle ACB (fig. 12) et qu'il s'agisse d'en construire un qui lui soit égal ; on tire une ligne indéfinie (fig. 13), sur laquelle on prend DE égal à AB : du point D et avec une ouverture de compas égale à AC, on décrit un arc; du point E, et avec une ouverture de compas égale à la distance BC, on décrit un second arc qui coupe le premier en F, on joint ensemble D et E au point F, par les droites DF et FE et le triangle DFE est le triangle cherché.

D. *Que faut-il faire pour construire un carré sur un côté donné?*

R. Soit AB (fig. 14) le côté donné; au point A on élève une perpendiculaire AD égale à AB; des points B, D, successivement pris comme centres, et avec une ouverture de compas égale à AB, on décrit deux arcs dont l'intersection détermine le point C; on tire les droites DC et CB, et le carré demandé est construit.

D. *Que faut-il faire pour construire un losange?*

R. Sur une ligne AB (fig. 15) on élève une perpendiculaire; on prend ensuite une ouverture de compas AO égale à OB, et OD égale à OC; les points A, D, B, C, unis par des droites, déterminent le losange.

D. *Que faut-il faire pour mener une parallèle à une ligne donnée par un point donné hors de la ligne?*

R. Soit AB la ligne donnée (fig. 16) et C le point donné; du point C on décrit un arc EF tangent à la ligne AB et d'un point quelconque D, pris sur la ligne AB, on décrit un second arc du même rayon; puis tirant du point C la droite CI, tangente à l'arc GH, on a la parallèle.

D. *Comment partage-t-on une circonférence en quatre, huit, seize parties égales (fig. 17)?*

R. En la coupant par deux diamètres perpendiculaires entre eux, elle se trouve partagée en quatre; pour la partager en huit, on prend le milieu des quatre parties par le moyen indiqué pour diviser en deux parties égales un arc de cercle; il est facile, par le même moyen, de diviser une circonférence en seize.

D. *Que faut-il faire pour partager une circonférence en six parties égales?*

R. Il faut porter le rayon du même cercle six fois autour de cette circonférence.

D. *Que faut-il faire pour partager une circonférence en cinq, dix, onze parties égales?*

R. La couper d'abord en quatre parties égales par deux diamètres AB, CD (fig. 19), croisés perpendiculairement; du point D comme centre, et d'un rayon égal à celui du cercle, couper la circonférence en I, et du point B, la couper en G ; du point I, décrire l'arc GEF, ensuite tirer la droite EB, et l'on aura EB pour la corde de la cinquième partie de la circonférence, EJ pour celle de la dixième, EG pour celle de la onzième.

D. *Comment partage-t-on la circonférence en sept, quatorze, quinze parties égales ?*

R. Après avoir tiré le rayon LF (fig. 20), on porte sa longueur de F en A et en E, on tire AE, et la moitié AI de la corde AE sera celle de la division en sept parties égales. Pour avoir quatorze divisions, on prend la moitié de cette dernière. Pour la partager en quinze, il faut, de l'extrémité F de l'un de ses diamètres, décrire l'arc BC, et la partie CL du rayon sera la réponse.

D. *Cette division de la circonférence en quinze parties ne peut-elle pas donner le moyen de partager le cercle en* 360 *degrés ?*

R. Cette division en quinze donne des arcs de 24 degrés ; ses subdivisions sont de 12, de 6 et de 3 degrés ; mais il n'existe pas de moyen, dans la Géométrie élémentaire, pour diviser un arc en trois ; il faudra faire cette opération par tâtonnement, et l'on obtiendra la division d'un degré qui donnera, en le reportant sur la circonférence, les 360 degrés qu'elle contient.

D. *Ne peut-on pas obtenir d'une autre manière cette dernière division du cercle ?*

R. Voici encore un autre moyen : après avoir partagé la circonférence (fig. 21) par deux diamètres perpendiculaires qui donnent quatre parties de chacune 90 degrés, on partage les angles DCB, BCE, ECA, ACD, en deux parties égales, et l'on obtient des arcs AF, FE, etc., de 45 degrés; ensuite, si du point A comme centre et du rayon AC, on décrit l'arc CK, on a la sixième partie de la circonférence de A en K, c'est-à-dire un arc de 60 degrés, alors FK vaut 15 degrés; si l'on porte cet arc de 15 degrés de A en M, de M en L, et de K en I, on a le quart du cercle divisé en arcs de 15 degrés. Ayant ensuite partagé le rayon en moyenne et extrême raison, on porte la plus grande partie de A en O; cet arc AO étant de 36 degrés, la différence LO est de 6 degrés. Si maintenant on partage LO en deux parties égales par la ligne CN, on obtient l'arc de 3 degrés.

D. *Que faut-il faire pour mener une tangente à un cercle (fig. 22) par le point* A *donné sur la circonférence?*

R. Du centre C on tire une droite CB qui passe par le point donné et qui est prolongée de la longueur du rayon; sur le milieu de cette ligne on élève une perpendiculaire qui est la tangente.

D. *Que faut-il faire pour inscrire un carré dans un cercle et lui en circonscrire un autre?*

R. Ayant tiré le diamètre AB (fig. 23), on élève sur le milieu la perpendiculaire CD. Les extrémités de ces deux diamètres déterminent le carré inscrit, puis si l'on tire les tangentes GH, HK, KI et IG aux points A, B, C, D, on a le carré inscrit.

D. *Que faut-il faire pour inscrire un hexagone, un triangle équilatéral, un pentagone dans un cercle, et circonscrire les mêmes figures au même cercle?*

R. Ayant divisé une circonférence en six, trois, cinq

parties, il ne s'agira plus que de tirer des droites d'un point de division à l'autre, et la figure à six, trois, cinq côtés sera inscrite; pour circonscrire les mêmes polygones, il faudra mener des tangentes par tous les points de division (fig. 24, 25).

D. *Comment fait-on passer une circonférence par trois points donnés?*

R. On joint les trois points (fig. 26) par deux droites AB, BC; on élève une perpendiculaire sur le milieu de chacune d'elles, et le point d'intersection I est le centre.

D. *S'il s'agissait de trouver le centre d'un cercle ou d'une partie de la circonférence, que ferait-on?*

R. On marquerait trois points dessus A, B, C (fig. 27), et l'on opèrerait de la même manière.

D. *Qu'est-ce que la spirale, et comment la trace-t-on ?*

R. La spirale (fig. 28) est une ligne qui, en tournant, s'éloigne de son centre : pour la tracer, on tire les quatre lignes AB, CD, EF, GH, qui forment un carré à leur naissance. A sera le centre du premier arc C*d;* G celui de l'arc *de;* E celui de l'arc *ef*, et C celui de l'arc *fg;* et si l'on fait une seconde révolution, A sera encore le centre de l'arc *gh*, etc.

D. *Que faut-il faire pour tracer une ellipse ordinaire?*

R. Tirer une droite AB (fig. 29) de la longueur de l'ellipse qu'on veut tracer; partager cette ligne en trois parties égales AK, HK, HB, faire sur la partie HK les triangles équilatéraux HEK, HDK, ensuite des points H et K comme centres, décrire les arcs LAC, IBG, jusqu'aux côtés des triangles prolongés; et des points E et D, et d'un rayon égal à EL, décrire les arcs LG et CI.

D. *Qu'est-ce que l'ovale et comment le forme-t-on?*

R. L'ovale est une figure circulaire formée par quatre courbes raccordées, dont deux BG et AF seulement sont égales (fig. 30). Pour tracer l'ovale, il faut tirer une droite AB égale au petit axe de l'ovale; élever une perpendiculaire CD sur le milieu AB; porter la longueur AC de C en D, tirer les droites AD, BD, prolongées au delà du point D; du point C, et d'un rayon égal à AC, décrire la demi-circonférence AEB; des extrémités A et B du petit axe décrire les arcs BG, AF; et de l'intersection D décrire l'arc FG, et l'on a l'ovale demandé.

D. *Que faut-il faire pour tracer une mappemonde* (*fig.* 31)?

R. Après avoir décrit le premier méridien AEIM, il faut le couper par deux diamètres perpendiculaires entre eux; partager la circonférence en tous ses degrés (pour abréger, la fig. 31 ne sera partagée qu'en seize parties); de l'une des extrémités du diamètre IA tirer des droites aux points de division D, C, B, P, O, N, qui déterminent, par leur intersection *a, b, c, d, e, f,* avec le diamètre EM, les troisièmes points où doivent passer les courbes A*a*I, A*b*I, A*c*I, A*d*I, A*e*I, A*f*I; de l'une des extrémités M du diamètre EM, tirer aux points de division H, G, F, D, C, B, qui déterminent aussi par leur intersection *i, j, l, m, n, o,* avec le diamètre AI, les troisièmes points par où doivent passer les courbes H*i*J, G*j*K, F*l*L, D*m*N, C*n*O, B*o*P, qui terminent la mappemonde.

Nota. L'inspection seule de l'échelle décimale (fig. 32) faisant assez voir comment elle se construit, il est inutile de donner des explications à ce sujet.

IDÉE GÉNÉRALE DU LEVER DES PLANS.

D. *Qu'est-ce que lever un plan ?*

R. C'est construire sur le papier une figure semblable à un objet qu'on veut représenter.

D. *Sur quoi est fondée l'exactitude du lever des plans ?*

R. Sur la similitude des triangles : ainsi un plan qu'on a élevé est exact si les triangles qu'on obtient en tirant les diagonales sont semblables chacun à chacun aux triangles formés sur le terrain par les diagonales. Il suit de là que les côtés du plan sont proportionnels à ceux qui leur correspondent sur le terrain.

D. *Comment établit-on le rapport qui existe entre le plan et la figure représentée?*

R. Par le moyen de l'échelle de proportion (fig. 32).

DESSIN LINÉAIRE.

D. *Qu'est-ce que le* Dessin Linéaire ?

R. C'est l'art de représenter, au moyen de simples traits, les différentes productions des arts.

D. *Quelle est l'utilité du Dessin Linéaire ?*

R. L'utilité du Dessin Linéaire est aujourd'hui reconnue par tout le monde.

Pour les jeunes filles qui seront un jour obligées de tirer parti de leur instruction, le Dessin Linéaire donne de l'adresse à leurs doigts, de la justesse à leur coup d'œil et du goût à tous leurs travaux, qualités précieuses pour toutes les professions industrielles; il leur prépare en outre des spécialités utiles, telles que le dessin de la broderie, des articles destinés aux femmes, comme les bonnets, les mantilles, etc.; les dessins de châles et des étoffes, les dessins d'ornements pour les fabriques, les manufactures, etc.

Pour les jeunes personnes dont l'éducation doit être plus développée, c'est une étude préliminaire qui les conduira sûrement et facilement au Dessin proprement dit.

D. *Comment se divise le Dessin Linéaire ?*

R. On peut le diviser en deux parties, le Dessin Linéaire à vue et le Dessin Graphique.

DESSIN LINÉAIRE A VUE.

D. *Qu'est-ce que le Dessin Linéaire à vue ?*

R. C'est le Dessin exécuté au crayon ou à la plume sans le secours des instruments.

D. *Sur quoi fait-on les premiers exercices de ce Dessin ?*

R. On les trace ordinairement sur un tableau noir.

D. *Quelles sont les lignes que l'on trace d'abord sur le tableau ?*

R. Ce sont des verticales, des horizontales, etc.

D. *Comment vérifie-t-on ces lignes ?*

R. On vérifie la verticale avec un fil à plomb. Si elle est régulière, elle doit être cachée dans toute sa longueur par le fil.

On vérifie l'horizontale avec une règle sur laquelle il faut placer le niveau à perpendicule employé par les maçons ; la ligne est horizontale si le fil à plomb du niveau recouvre parfaitement la ligne tracée sur l'instrument, et que l'on nomme *ligne de foi*.

D. *Comment se vérifient les obliques et les angles des triangles ?*

R. Les obliques se vérifient à la règle, et les angles se vérifient au rapporteur.

D. *Que faut-il pour faire paraître en relief les corps que l'on dessine au simple trait ?*

R. Il faut indiquer par des lignes plus fortement tracées que les autres, les parties qui se trouvent dans l'ombre.

D. *De quel côté suppose-t-on le jour dans le Dessin Linéaire ?*

R. On le suppose venant de gauche à droite; ainsi, en copiant un *cube*, un *parallélipipède*, une *pyramide triangulaire* ou un *prisme pentagonal*, on observera que les lignes opposées à la lumière doivent être ombrées.

D. *Quelles sont, après les solides, les figures qui doivent servir d'exercice ?*

R. Des solides on passe à la circonférence; pour en faciliter l'exécution on peut tracer deux diamètres perpendiculaires entre eux dont on joint les extrémités par des courbes; cette figure se vérifie au compas.

D. *Quelle figure est-il encore à propos de tracer avant de dessiner des corps ronds ?*

R. Il faut tracer l'ellipse qui figure les bases du cône et du cylindre vues en raccourci, car la base réelle du cône et du cylindre est un cercle.

D. *Qu'est-ce qu'une ellipse ?*

R. L'ellipse ou ovale est une circonférence aplatie dans le sens d'un des diamètres et allongée dans le sens de l'autre. Le petit diamètre se nomme le *petit axe*, et le grand diamètre se nomme le *grand axe*.

D. *Comment trace-t-on l'ellipse à vue ?*

R. On forme d'abord le grand axe que l'on partage en deux parties égales par le petit; on donne à chacun la longueur convenable, afin que l'ovale soit plus ou moins allongé, suivant l'usage qu'on en doit faire; on décrit ensuite les courbes qui doivent se raccorder à l'extrémité des axes.

D. *Comment se vérifie l'ellipse ?*

R. Pour vérifier l'ellipse, on prend une règle sur laquelle on marque deux longueurs, une de la moitié du grand axe, l'autre de la moitié du petit, à partir de la même extrémité de la règle. On porte ensuite cette règle sur la figure, de manière que la marque la plus éloignée soit sur le petit axe, et que la plus rapprochée soit sur le grand; dans cette position, l'extrémité de la règle doit arriver exactement à la courbe et en déterminer un point; en variant ensuite la position de la règle de telle sorte toujours que les deux marques coïncident avec les deux axes, on obtiendra autant de points de vérification que l'on voudra.

D. *Quelles sont les figures que l'on devra faire après l'ellipse ?*

R. On pourra tracer le cylindre, le cône et la sphère.

Après ces différents exercices de figures géométriques, qui sont trop simples pour être employées dans la décoration, on devra passer à l'ornement.

D. *Qu'est-ce que l'ornement ?*

R. C'est la partie du Dessin Linéaire qui traite des

embellissements que les objets d'art sont susceptibles de recevoir.

D. *Que comprend le Dessin d'ornement ?*

R. Il comprend les rosaces, les enroulements, les fleurs, les masques hideux des théâtres anciens, les faisceaux d'armes, les têtes de griffons, de chimères, les emblêmes de la gaîté et des plaisirs ou des emblêmes graves et sérieux.

D. *Que représentent les rosaces?*

R. Elles représentent des pâquerettes ou marguerites, ou des dessins de pure imagination. Cet ornement est très-employé dans les arts.

D. *Qu'appelle-t-on enroulements et fleurons ?*

R. Les enroulements sont des ornements en forme de circonférences liées entre elles; les fleurons ressemblent à des fleurs ou à des figures équivalentes, et qui servent de couronnement à des enroulements, à des palmes, etc.

D. *Quel est l'emploi des postes et lignes courantes ?*

R. On les emploie souvent dans les bordures de papiers peints et d'étoffes; elles se composent d'agrafes ornées de fleurs, de rosaces liées à des fleurs, de feuilles de chêne, d'olivier, etc.

D. *Lorsqu'on sera parvenu à tracer d'une manière agréable tous ces exercices, de quoi pourra-t-on s'occuper ?*

R. On pourra ensuite dessiner des vases, des coupes,

des meubles de goût, etc., et même composer de petits groupes d'ornements formant emblême. Un faisceau d'armes antiques, telles que bouclier, épée, aigle romaine, lance, etc.; ou d'armes modernes, telles que canons, fusils, sabres, bonnets à poil, boulets, etc., est un emblême d'exploits militaires. Une palette, des pinceaux, un chevalet, un appui-main, forment un emblême de la peinture; une sphère, un compas, des livres, sont l'emblême de la science et de l'érudition, etc.

D. *Ne doit-on pas encore appliquer le Dessin Linéaire aux dessins de broderie ?*

R. Cela dépend du genre de broderie que l'on veut exécuter : lorsque l'on brode en soie nuancée, ou lorsqu'on fait de la tapisserie au petit point, on peut copier des productions des meilleurs artistes; mais s'il s'agit d'une broderie en plumetis, en reprise, en cordonnet, en application, etc., on a besoin de recourir au Dessin Linéaire.

Dans les dessins pour la broderie en blanc, le dessinateur ne voulant que plaire aux yeux, adopte un ordre régulier et géométrique, et allie sur la même tige des feuilles de chêne et de vigne, des branches de lilas et des grappes de raisin, et invente des formes de feuilles, de fleurs et de fruits qui ne ressemblent point à des formes naturelles.

DESSIN LINÉAIRE GRAPHIQUE.

D. *Qu'est-ce que le Dessin Linéaire graphique ?*

R. C'est le Dessin exécuté à l'aide d'instruments.

D. *Quel avantage fournit ce Dessin ?*

R. Il fournit l'exactitude rigoureuse, nécessaire, pour les dessins de broderie, pour le lever des plans, etc., car il faut avouer qu'un Dessin à vue n'est toujours qu'un croquis plus ou moins exact, plus ou moins spirituel.

D. *Quels sont les instruments nécessaires pour le tracé des lignes ?*

R. Ceux que l'on a indiqués pour la vérification des lignes et des figures servent aussi à les tracer; ainsi la règle, l'équerre, le compas, le rapporteur, sont les plus nécessaires.

D. *Qu'est-ce qu'une équerre ?*

R. C'est une petite planchette terminée par trois côtés en ligne droite; deux de ces côtés sont perpendiculaires l'un à l'autre et s'appellent côtés droits; le troisième, qui est le plus grand, est opposé à l'angle droit et se nomme hypoténuse.

D. *Quel est l'usage de la règle et de l'équerre ?*

R. La règle sert pour les droites, et l'équerre vient à son secours pour les perpendiculaires, les parallèles, etc.

D. *Que doit-on observer par rapport à ces deux instruments?*

R. Il faut que la règle soit bien droite et plate. L'équerre est ordinairement en bois de poirier, l'angle doit être exactement de 90 degrés et les arêtes bien vives.

D. *Qu'est-ce qu'un compas?*

R. C'est un instrument composé de deux branches terminées en pointe à une de leurs extrémités, et réunies à l'autre par une articulation qui permet aux deux branches de s'écarter plus ou moins l'une de l'autre.

D. *Quel est l'usage du compas?*

R. Il sert à tracer les circonférences, les arcs, a partager les lignes; il est peu de problêmes géométriques que l'on puisse résoudre sans avoir le compas à la main, sans cesse on est obligé d'y recourir pour mesurer les distances en copiant les figures, les plans, etc., dont s'occupe le Dessin Linéaire.

D. *Quelles sont les qualités d'un bon compas?*

R. Un bon compas doit s'ouvrir et se fermer d'un mouvement égal, la charnière doit être juste, ni trop serrée ni trop lâche; les pointes d'acier doivent être fines et se joindre parfaitement.

D. *De quelle espèce de compas se sert-on pour les petites circonférences qu'il ne serait pas possible de tracer avec un compas ordinaire?*

R. On se sert du compas à balustre, ainsi nommé

parce que la tête de ce compas est surmontée d'une petite branche de cuivre qui a la forme d'un balustre (ornement d'architecture).

D. *Qu'est-ce qu'un rapporteur?*

R. C'est un demi-cercle, en cuivre ou en corne, divisé en 180 degrés. Il sert à mesurer et à tracer les angles droits, et des angles d'une amplitude numérique depuis 1 degré jusqu'à 180.

D. *Quels sont les autres objets utiles pour le Dessin Linéaire?*

R. Il est bon d'avoir encore un tire-ligne, un bâton d'encre de Chine, quelques godets et des crayons de mine de plomb.

D. *Qu'est-ce qu'un tire-ligne?*

R. C'est un instrument composé de deux palettes d'acier que l'on rapproche ou que l'on éloigne au moyen d'une vis. On introduit entre les deux lames une petite quantité d'encre de Chine ou d'encre ordinaire, bien limpide, on serre la vis et l'on rapproche autant qu'on veut les deux palettes de manière à faire un trait excessivement fin.

D. *Ne peut-on pas se servir de plumes au lieu de tire-lignes?*

R. On le peut pour les lignes courtes, mais lorsqu'on veut tracer une ligne très-longue, il est difficile de ne pas appuyer plus dans une partie que dans une autre, ce qui produit un trait inégal, on est exposé aussi à salir la règle et à former des lignes qui manquent de netteté; ces inconvénients ne sont jamais à craindre avec le tire-ligne.

D. *Quand on est obligé de se servir de plumes, n'y a-t-il aucun choix à faire?*

R. Il faut donner la préférence aux plumes de corbeau et même aux bouts d'ailes.

D. *Quelle encre est la meilleure pour le tracé des lignes?*

R. L'encre de Chine convient beaucoup mieux que l'encre ordinaire. Elle se vend par petits pains ou bâtons d'un beau noir brillant et d'une odeur suave, pour avoir la marque la plus certaine de sa bonne qualité, il faut en détremper avec de l'eau, de manière à obtenir une teinte épaisse; on forme ensuite quelques traits un peu forts sur du papier collé, puis on passe à plusieurs reprises un pinceau plein d'eau sur les traits lorsqu'ils sont bien secs, s'ils ne changent point et si l'encre ne s'étend pas, on peut être sûr qu'elle est bonne.

D. *Qu'est-ce qu'un godet et quel est son usage?*

R. Les godets sont de petites soucoupes plates, en porcelaine ou en faïence, dans lesquelles on délaie l'encre de Chine ou les couleurs que l'on emploie. Il faut avoir soin de les couvrir hermétiquement dès qu'on ne se sert plus de la couleur qu'ils renferment.

D. *Qu'est-ce qu'une échelle?*

R. Une échelle est une longueur arbitraire et représentant 10 mètres par exemple, elle est divisée en dix parties dont chacune est un mètre; chaque mètre est divisé en 10 décimètres. Pour l'usage ordinaire du dessin on peut employer avec avantage un double décimètre, en bois ou en ivoire, divisé en centimètres et en millimètres.

D. *Quel est l'usage de l'échelle?*

R. Son usage est de procurer le moyen facile de réduire et d'augmenter. Lorsqu'on copie, ou qu'on lève un plan, on ne veut pas toujours conserver les mêmes dimensions, souvent c'est impossible, c'est pour obtenir un juste rapport entre les longueurs que l'on est obligé de construire une échelle.

D. *Qu'est-ce qu'une copie par treillis ?*

R. C'est un procédé très-employé dans les arts pour changer les dimensions d'un tableau, d'une carte géographique. Il consiste à couvrir le tableau que l'on veut réduire d'un treillis composé d'un certain nombre de carrés égaux. Sur la ligne qui doit servir de base au nouveau cadre, on construit un même nombre de carrés; il ne reste plus qu'à copier, dans chaque carré, ce qui est contenu dans le carré correspondant au modèle.

D. *Que faut-il faire pour doubler un carré ?*

R. Il faut prendre la diagonale de ce carré pour côté du carré doublé. Dans la proposition contraire, qui consiste à chercher un carré une fois plus petit, on prend pour côté la moitié de la diagonale du carré que l'on veut réduire. (Le 2e carré de la copie par treillis fig. 11 (application des problêmes) présente un ensemble doublé).

D. *S'il s'agissait d'augmenter ou de diminuer de moitié un parallélogramme que faudrait-il faire ?*

R. Il faudrait carrer chacun de ses côtés et prendre les diagonales des deux carrés pour côtés du parallélogramme que l'on voudrait agrandir; pour diminuer, on ne prendrait pour côtés que la moitié de chacune des diagonales.

(Le 2e parallélogramme fig. 12 présente un ensemble diminué de moitié.)

DU DESSIN PROPREMENT DIT

ET PARTICULIÈREMENT

DU DESSIN DE LA TÊTE.

D. *Qu'est-ce que le Dessin proprement dit?*

R. C'est l'imitation et la copie fidèle de la nature.

D. *Que faut-il pour bien dessiner?*

R. Il faut avoir l'œil extrêmement habitué à comparer avec justesse un objet réel avec son imitation.

D. *Par quels exercices faut-il commencer?*

R. Il faut s'occuper d'abord de tracer des droites, des courbes, etc., car toutes les figures qui s'offrent à nos regards étant composées de ces lignes, lorsqu'on aura acquis l'habitude de les copier avec une grande justesse, on aura moins de peine à dessiner celles qui forment la figure.

D. *Doit-on dès le commencement chercher à copier des figures entières?*

R. La méthode dont on se sert le plus généralement et dans presque tous les pays, c'est de commencer par un œil: à mesure que son imitation devient plus juste, on passe à la copie du nez, de la bouche, des oreilles;

on rassemble ensuite ces différents détails pour dessiner la tête.

D. *Quels sont, dans le Dessin, les principes de l'effet?*

R. La lumière et l'ombre sont, dans le dessin, les deux grands principes de l'effet, mais avant de donner le relief, on est convenu d'esquisser.

D. *Qu'est-ce que faire une esquisse?*

R. C'est donner par des traits peu sensibles et en petit nombre, une idée générale et légère de ce qu'on veut faire ou imiter, afin que si l'on se trompait dans la distribution totale de l'ouvrage on pût le corriger, en réformant les endroits défectueux après les avoir effacés avec une mie de pain.

D. *Comment nomme-t-on les différentes parties de l'ombre qui, d'accord avec la lumière, produisent le relief?*

R. Les différentes parties de l'ombre sont: l'ombre foncée, la demi-teinte et le reflet.

D. *Qu'est-ce que l'ombre foncée?*

R. C'est la partie de l'ombre la plus opposée à la lumière.

D. *Qu'est-ce que la demi-teinte?*

R. C'est l'ombre douce et légère qui passe insensiblement du clair dans l'ombre foncée.

D. *Qu'est-ce que le reflet ?*

R. C'est la lumière transmise par un corps éclairé à un autre corps privé de la lumière directe.

Les reflets rendent l'harmonie aux masses d'ombre et découvrent les formes qui se trouvent dans le clair-obscur.

D. *Qu'est-ce que le clair-obscur ?*

R. C'est l'opposition et le contraste des parties éclairées et des parties ombrées dans un tableau. Son artifice consiste à distribuer savamment et agréablement la lumière la plus avantageuse, et à placer près de cette lumière de grandes masses d'ombre capable de la faire valoir.

D. *Quelles sont les manières d'ombrer les plus usitées ?*

R. Il y en a trois : les hachures, le grainé et l'estompe.

D. *Qu'appelle-t-on hachures ?*

R. Ce sont des lignes parallèles, plus ou moins larges dont la force va en diminuant vers les endroits éclairés, et devient au contraire plus vigoureuse dans les parties opposées à la lumière.

D. *Comment faut-il arranger ces hachures ?*

R. Il faut s'exercer beaucoup à les arranger avec grâce et légèreté; elles peuvent être croisées en différents sens jusqu'à ce qu'on ait donné assez de force, prenant garde cependant, en contrehachant, de croiser les traits de manière à former une espèce de canevas désagréable à la vue.

D. *Peut-on tourner le papier lorsqu'on est obligé de faire des hachures dans tous les sens ?*

R. Tous les maîtres de Dessin ont soin de recommander à leurs élèves de s'accoutumer à ombrer facilement, sans tourner le papier. Ils veulent encore que l'on se serve d'un gros crayon, même pour les hachures tendres que l'on met sur les demi-teintes, supposant néanmoins que l'on dessine en grand, ce qui est absolument nécessaire si l'on veut faire quelques progrès.

D. *Comment ombre-t-on en grainant ?*

R. On frotte légèrement le crayon de manière à le faire passer également sur tous les grains ou aspérités du papier, ce qui forme une teinte unie et régulière ; on peut forcer les tons en passant plus ou moins le crayon sur les mêmes endroits, mais toujours avec beaucoup de légèreté.

D *Ne fait-on jamais de hachures sur ce grainé ?*

R. On peut quelquefois les employer pour donner plus de vigueur aux ombres.

D. *Qu'est-ce que l'estompe ?*

R. C'est le procédé le plus expéditif, on se sert alors d'un crayon qui est fort tendre ; on l'applique largement et à grands coups sur les endroits qui doivent être ombrés, et avec un papier roulé et terminé en pointe que l'on nomme estompe, on étend le crayon, on le fond comme on pourrait faire de la couleur au moyen d'un pinceau.

D. *N'y a-t-il pas une autre manière de placer les ombres?*

R. On peut aussi, en grattant le crayon, recueillir une poudre dans laquelle on trempe l'estompe par un bout, comme on ferait un pinceau dans la couleur, et l'on frotte son dessin; les endroits qui demandent des coups de force bien prononcés seront retouchés directement avec le crayon.

D. *Peut-on employer plusieurs sortes de crayons pour ombrer une figure?*

R. Quelquefois on emploie le crayon rouge pour les chairs, le noir pour les vêtements, et le blanc pour faire briller les parties les plus éclairées.

D. *De quel papier se sert-on pour le Dessin?*

R. On se sert ordinairement de papier blanc; on peut aussi, quand on est déjà avancé, employer du papier coloré ou de demi-teinte.

D. *Avec quels crayons ombre-t-on communément?*

R. Au lieu de la pierre noire d'Italie, on fait plus généralement usage de crayons de pierre factice; ils portent des numéros qui indiquent leur degré de dureté. Quand ils sont bons, on peut en tirer un parti excellent et en obtenir plus de finesse et plus de vigueur que de la pierre noire qui a le défaut d'être un peu grise.

D. *En quoi consiste la bonté des crayons?*

R. Ils doivent être doux, d'un beau noir, tendres, pas trop secs et d'un grain fin et serré.

DE LA FIGURE ET DE SES DIFFÉRENTS TRAITS PRIS D'ABORD SÉPARÉMENT ET VUS DE FACE.

D. *Quelles sont les parties principales qui composent l'œil ?*

R. L'œil, considéré pour le Dessin, se compose de la prunelle ou pupille, du grand rond, du blanc, de la paupière ornée de poils qu'on nomme cils, des angles où se joignent les paupières, et du sourcil.

D. *Quelle est la grandeur de l'œil ?*

R. Il doit avoir la quatrième partie de la largeur de la tête prise vers le milieu.

D. *Comment le divise-t-on ?*

R. En trois parties égales, depuis l'angle interne qui est du côté du nez, jusqu'à l'angle externe qui est du côté des tempes ; le grand rond comprend la partie du milieu.

D. *Quelle est la grandeur de la prunelle ?*

R. Sa grandeur varie, mais on lui donne généralement le tiers du grand rond.

D. *A quoi servent les cils et comment sont-ils courbés ?*

R. Les cils servent à orner l'œil et à le défendre des injures extérieures. Ceux de la paupière supérieure sont courbés vers le haut et ceux de la paupière inférieure vers le bas.

D. *A quoi sert le sourcil?*

R. A donner plus de beauté à l'œil et à le conserver.

D. *Combien peut-on distinguer de parties dans le nez?*

R. On distingue l'aile, qui est la partie la plus saillante du visage, et les narines qui servent à la respiration et à l'odorat.

D. *Quelles sont les proportions du nez?*

R. Le nez doit avoir la troisième partie de la longueur du visage ; sa largeur est d'un œil.

D. *Comment la bouche est-elle formée?*

R. Elle est formée par les deux lèvres dont la couleur, l'arrangement et la proportion avec les autres traits servent à embellir le visage.

D. *Quelle est la grandeur de la bouche?*

R. Il y a des dessinateurs qui lui donnent un œil et demi : d'autres un œil un tiers ; mais sa grandeur ordinaire est d'un œil et demi.

D. *Quelle doit être l'épaisseur des lèvres?*

R. La lèvre supérieure doit avoir 1/8 de la largeur de la bouche et la lèvre inférieure 1/5.

D. *Quelles sont les parties principales de l'oreille?*

R. Ce sont : l'aile, c'est-à-dire la partie détachée de la tête et la coquille ou intérieur.

D. *Comment se divise l'oreille?*

R. Elle se divise en trois parties, la coquille comprend le milieu. Sa largeur est de la moitié de sa longueur.

PROPORTIONS DE LA TÊTE ET DE L'ENSEMBLE DES TRAITS.

D. *Quelle forme présente la tête?*

R. La tête, vue n'importe dans quelle position, excepté géométralement, présente la forme d'un ovale plus ou moins modifié.

D. *Comment forme-t-on l'ovale pour la tête?*

R. On tire d'abord une horizontale AB (fig. 1re) prolongée à volonté; du milieu O comme centre, on décrit une circonférence qui coupe AB en C et en D, on trace le diamètre perpendiculaire à CD et qui coupe la circonférence en E et en F ; on prolonge ce deuxième diamètre de F en G, c'est-à-dire de la longueur du rayon, et l'on a le grand axe de l'ovale; si maintenant on marque sur la ligne AB une longueur égale à FG et que des points KL, on tire deux lignes qui se croisent en I, c'est-à-dire vers la moitié de FG, si du point I on décrit un premier arc de H en J, puis du point L un second arc CH, ensuite du point K au troisième arc DJ, l'ovale sera formé.

D. *Comment divise-t-on l'ovale fig. 2 pour placer convenablement toutes les parties de la tête?*

R. Après l'avoir tracé comme dans la fig. 1re, on efface toutes les lignes intérieures excepté le grand axe AB, que l'on partage en quatre parties égales; des points de division, on tire CD, EF, GH, IJ, parallèles entre elles et qui sont coupées perpendiculairement par AB.

D. *Sur quelle ligne place-t-on les yeux?*

R. Sur la ligne EF que l'on divise en huit parties égales, la première et la huitième donnent la place des tempes, la deuxième et la troisième, la sixième et la septième celle des yeux; la quatrième et la cinquième se trouvent entre les yeux.

D. *Que fait-on pour tracer facilement les yeux?*

R. On divise d'abord l'espace destiné à chacun, comme on l'a dit en parlant des traits séparément, puis on forme les paupières que l'on dispose de manière à ce que leur écartement, dans la plus grande ouverture, n'excède pas 1/8 de la ligne EF, on fait ensuite le rond, la pupille, le pli de la paupière et l'on termine par le sourcil.

D. *Quelle place occupe le nez et comment le trace-t-on?*

R. Si des angles internes des yeux on abaisse une perpendiculaire sur GH on a la longueur du nez de K en L, et sa largeur de M en N; on divise cet espace en quatre parties, sur les deux du milieu on forme le bout du nez et les deux autres sont pour les narines.

4

D. *Quelle doit être la place de la bouche?*

R. Pour avoir la place de la bouche, on divise par tiers 1, 2, 3, la distance LB; du numéro 1 on tire *a b* parallèle à GH. Si l'on prolonge les perpendiculaires abaissées des coins des yeux, pour le nez, jusque sur *a b*, et que des points d'intersection on porte de chaque côté 1/16 de la ligne EF, on aura la place et la largeur de la bouche.

D. *Comment forme-t-on la bouche?*

R. Il est difficile d'expliquer clairement la manière de tracer l'ouverture de la bouche, les lèvres et leurs arêtes; elles se composent de courbes dont on ne peut guère déterminer la place et la juste forme : l'examen des bons modèles et de la nature surtout, peut en cela, comme en beaucoup d'autres choses, donner les meilleures leçons.

D. *Où place-t-on les oreilles?*

R. Les oreilles se placent sur la ligne du nez et montent jusque vers la moitié des paupières.

D. *Est-il des règles à suivre pour le tracé des oreilles?*

R. On peut appliquer au tracé des oreilles l'observation faite au sujet de la bouche. Il en est de même pour le contour de la tête en dehors de l'ovale.

D. *Où faut-il placer la naissance des cheveux?*

R. Vers la fin de la première division de l'ovale. Le front occupe la seconde jusqu'aux sourcils.

D. *Quelle est la longueur et la largeur du cou?*

R. On lui donne communément une longueur de nez dans les côtés, et les deux tiers de cette longueur du dessous du menton à la fossette entre les clavicules. Sa largeur est d'environ une partie et 5/6.

D. *Quelles sont les proportions de la tête vue de côté ou de profil* (fig. 3)?

R. Les principales divisions de l'ovale sont les mêmes que pour la tête de face, mais le grand axe AB devient, dans la tête de profil, la ligne ACEGB, ou bien la ligne ADFHB qui passe par le milieu des traits, suivant le côté vers lequel ils sont tournés.

D. *Quelle est la largeur du nez?*

R. Elle est la même que dans la tête de face.

D. *Quelle est la place de l'œil?*

R. Si du côté L du nez on élève une perpendiculaire qui coupe la ligne EF en M on aura la place de l'œil.

D. *Quelle est sa largeur?*

R. Elle doit être de la moitié de l'œil de face.

D. *Quelle est la forme du rond de l'œil?*

R. Il prend une forme elliptique dans cette position.

D. *Comment trace-t-on le bas de la figure?*

R. La quatrième partie de l'ovale étant divisée en trois parties égales, on place la bouche sur la première.

D. *Quelle est la largeur de la bouche de profil?*

R. Elle ne doit avoir que la moitié de la bouche de face.

D. *Quelle est la place du creux du menton?*

R. Elle n'est point déterminée : elle se trouve vers le point deuxième et le bas du menton sur IJ.

D. *Quelle longueur y a-t-il de l'extrémité* N *du menton, au point* O *où commence le cou?*

R. Il y a une longueur de nez. Le cou est de la même longueur et de la même largeur que pour la tête de face.

D. *Quelle place occupe l'oreille?*

R. L'oreille se trouve placée en dedans de l'ovale au côté opposé du nez. Dans la tête de profil l'oreille étant vue de face ses différentes parties doivent être plus développées.

D. *Quelle est la largeur de l'occiput ou derrière de la tête?*

R. Elle est la même que celle de l'oreille reportée en dehors de l'ovale.

D. *Que faut-il faire pour avoir les proportions de la tête de 3/4* (fig. 4)?

R. Il faut d'abord tracer et diviser l'ovale comme pour les figures précédentes, puis de A en B tracer une courbe entre l'axe et le côté de l'ovale; cette courbe donne le milieu des traits.

D. *Quelle est dans cette troisième position de la tête la place et la forme des traits?*

R. Leur place sur les lignes horizontales est la même que dans les autres positions. Quant à leur forme elle peut varier beaucoup suivant le plus ou moins de fuite du côté raccourci.

D. *N'y a-t-il rien à observer pour ce petit côté?*

R. Il faut prendre garde de lui donner trop de développement par rapport à l'autre côté; pour éviter ce défaut, l'examen de la nature et des bons modèles sera encore indispensable.

D. *Quelle est la place de l'oreille et de l'occiput dans la tête de 3/4?*

R. L'oreille ici se met en dehors de l'ovale, et le derrière de la tête est formé par un arc de cercle qui commence au point A et se termine vers la moitié de l'aile de l'oreille.

La longueur et la largeur du cou est comme dans la figure de profil.

PROPORTIONS ET ENSEMBLE DES PIEDS ET DES MAINS.

D. *Que faut-il prendre pour unité de hauteur et de largeur afin d'avoir les justes proportions des pieds et des mains?*

R. Il faut prendre le tiers de la hauteur de la face que l'on nomme partie, par conséquent on nomme moitié de partie les sixièmes de la face, un tiers de partie les neuvièmes, etc.

D. *Quelle est la proportion du pied vu de face?*

R. La largeur de ce pied de C à D (fig. 1re) est d'une partie et 2/3 , celle du grand orteil d'une moitié de partie, la largeur de la jambe au-dessus de la cheville est d'une partie.

D. *Quelle est la longueur du pied vu de profil?*

R. Sa longueur est, depuis l'extrémité du talon A jusqu'à celle de l'orteil B, de quatre parties et 1/3; la distance de A à l'origine des doigts est de trois parties ; celle du talon au coude-pied est de deux parties et 1/6, l'élévation du coude-pied est d'une partie et 1/3, et la largeur du bas de la jambe est d'une partie et 1/3 (fig. 2).

D. *Quelle est la largeur du pied vu par derrière?*

R. Ce pied est de la même largeur que le pied vu de face. La largeur du talon est d'une partie (fig. 3).

D. *Quelle est la longueur de la main vue en dessus ?*

R. La longueur de la main, prise depuis le poignet jusqu'à l'extrémité du grand doigt, est de trois parties, c'est-à-dire de la hauteur de la face. Les portions de la main appelées carpe et métacarpe, ont ensemble une partie et demie de longueur. Le grand doigt, pris de sa jointure au métacarpe, a également une partie et demie de longueur ; celle du pouce est d'une partie. L'extrême largeur de la main a une partie et 2/3. La largeur du poignet, prise à la chute des os cubitus et radius est d'une partie (fig. 1re).

D. *Quelles sont les proportions de la main vue en dedans ?*

R. Les proportions de cette main sont les mêmes que celles de la main vue en dessus, la seule différence est que le carpe et le métacarpe, pris de l'os radius jusqu'à la première jointure du grand doigt, ont une partie et 2/3 de longueur, et que le grand doigt n'a plus qu'une partie et 1/3 (fig. 2).

D. *Quelles sont les proportions de la main vue de profil ?*

R. Toutes les proportions de cette main pour les longueurs sont encore les mêmes que celles de la main vue en dessus ; la largeur du poignet n'est ici que de 5/6 d'une partie, et celle de la main d'une partie (fig. 3).

D. *Quelle est la hauteur du corps depuis le sommet de la tête jusqu'à la plante des pieds ?*

R. Anciennement les artistes lui donnaient huit têtes,

mais il a été reconnu que sa hauteur est plus ordinairement de sept à sept têtes et demie que de huit.

La même longueur s'observe aussi de l'extrémité d'une des mains à l'autre, en passant par les épaules.

D. *Toutes ces proportions sont-elles invariables?*

R. Ces proportions sont celles d'une belle figure, mais elles varient à l'infini, on en trouve facilement la raison dans la différence des physionomies et des tailles.

DESSIN D'APRÈS LA BOSSE.

D. *Qu'est-ce que le Dessin d'après la bosse?*

R. C'est le Dessin exécuté d'après des figures en plâtre, et qui représentent une tête, une main, un pied, etc.

D. *Est-il avantageux de s'exercer à ce genre de Dessin?*

R. Il est toujours avantageux, souvent même nécessaire, de s'y exercer, pour se disposer à l'étude directe de la nature.

D. *Quand faut-il entreprendre de dessiner des figures d'après la bosse?*

R. C'est lorsqu'on a acquis la faculté de copier exactement un dessin et de l'ombrer avec facilité; et même avant de commencer cet exercice, il faut étudier les effets de la lumière.

D. *Comment faut-il faire cette étude?*

R. Après avoir marqué la place d'après laquelle on a fait le contour, il faut étudier les formes et le caractère par le moyen du simple rayon lumineux, il faut considérer les masses, faire tourner le buste et observer que la lumière est toujours la même, car elle est fixe sur son rayon; c'est le corps sur lequel elle frappe qui, par sa rotation, l'oblige progressivement à se placer sur des convexités ou des cavités telles qu'elles se présentent sous la direction du rayon.

D. *Où se trouve l'ombre portée du corps saillant que l'on fait tourner?*

R. Elle est toujours sous la ligne directe du rayon qui le frappe, ce qui est une nouvelle preuve de ce que l'on vient de dire.

D. *Que faut-il observer en faisant tourner la bosse?*

R. On doit observer avec quelle délicatesse les mêmes masses de lumière, d'ombre, de demi-teintes et de reflets semblent se dissiper et se recréer, en modulant avec douceur les parties qui s'étaient montrées lumineuses.

Il faut voir aussi comment les masses s'enchaînent et se réunissent pour former une harmonie parfaite ; on sent que ces observations sont nécessaires pour porter chaque chose à sa juste valeur.

FIN.

TABLE

FIN DE LA TABLE.

NOMS DES FIGURES

SERVANT D'EXERCICES A L'APPLICATION DES PROBLÈMES.

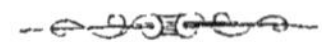

Le Mans. — Imp. Etiemble et Beauvais, place des Halles, 19. — 1860.

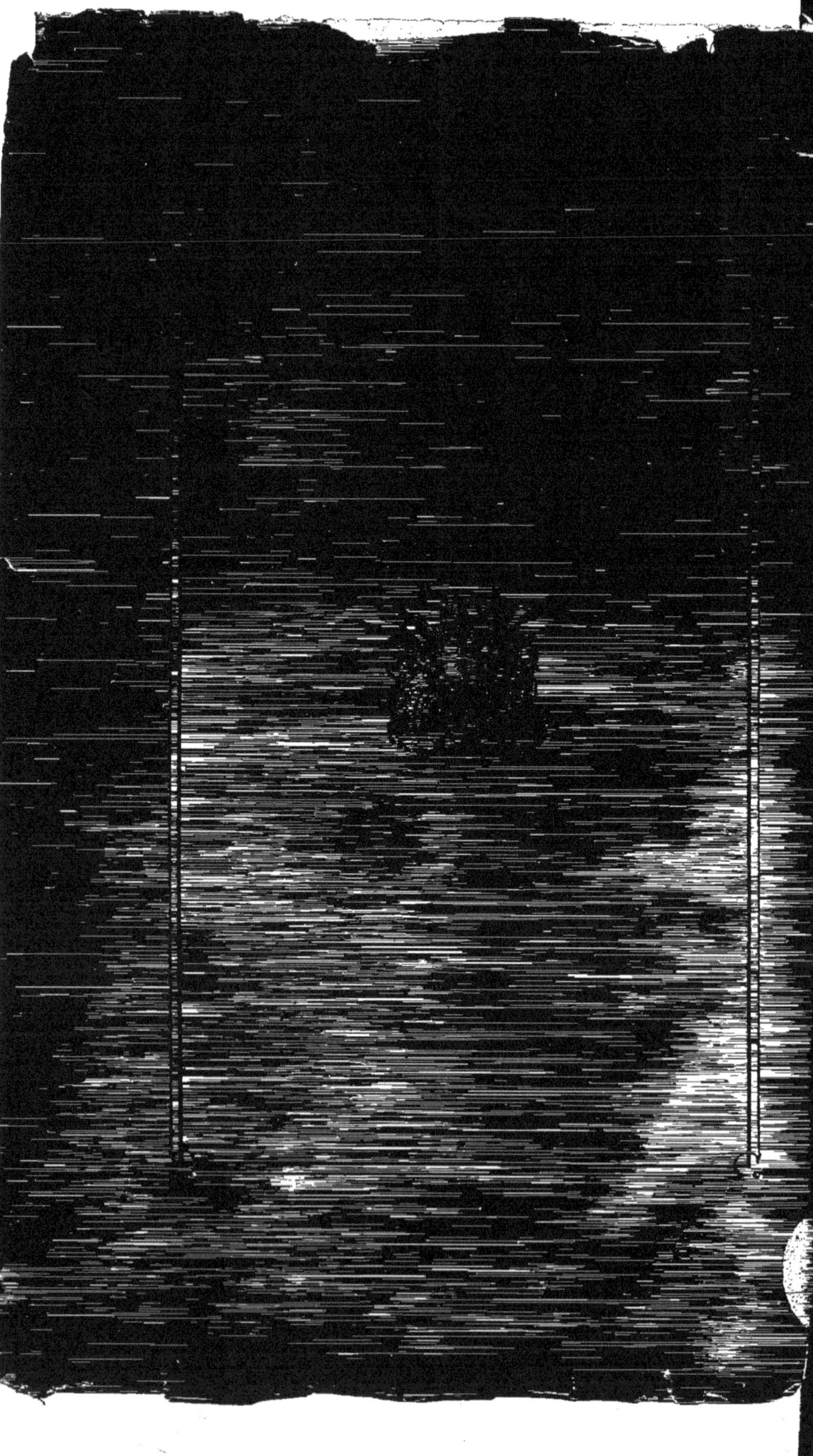

Problèmes.

Fig. 1
Fig. 2
Fig. 3
Fig. 4
Fig. 5
Fig. 6
Fig. 7
Fig. 8
Fig. 9
Fig. 10
Fig. 10
Fig. 11
Fig. 12

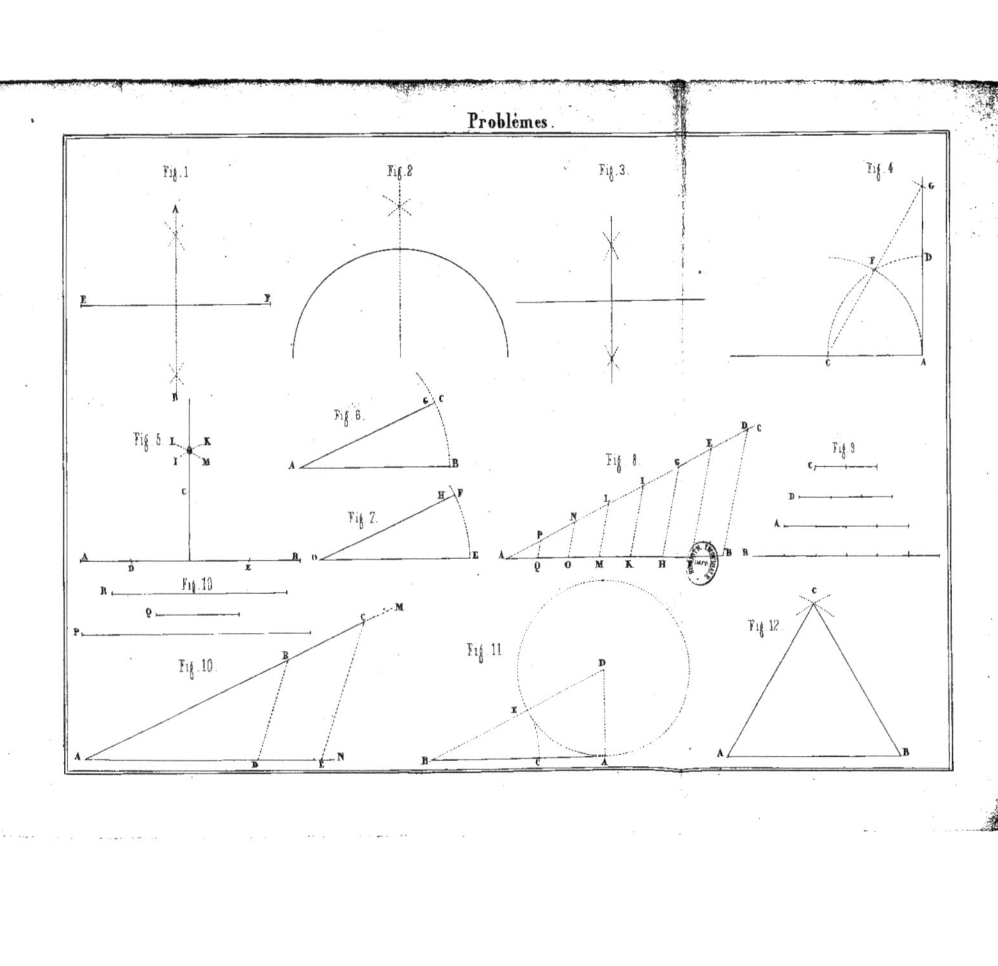

Problèmes

Fig. 13
Fig. 14
Fig. 15
Fig. 16
Fig. 17
Fig. 18
Fig. 19
Fig. 20
Fig. 21
Fig. 22

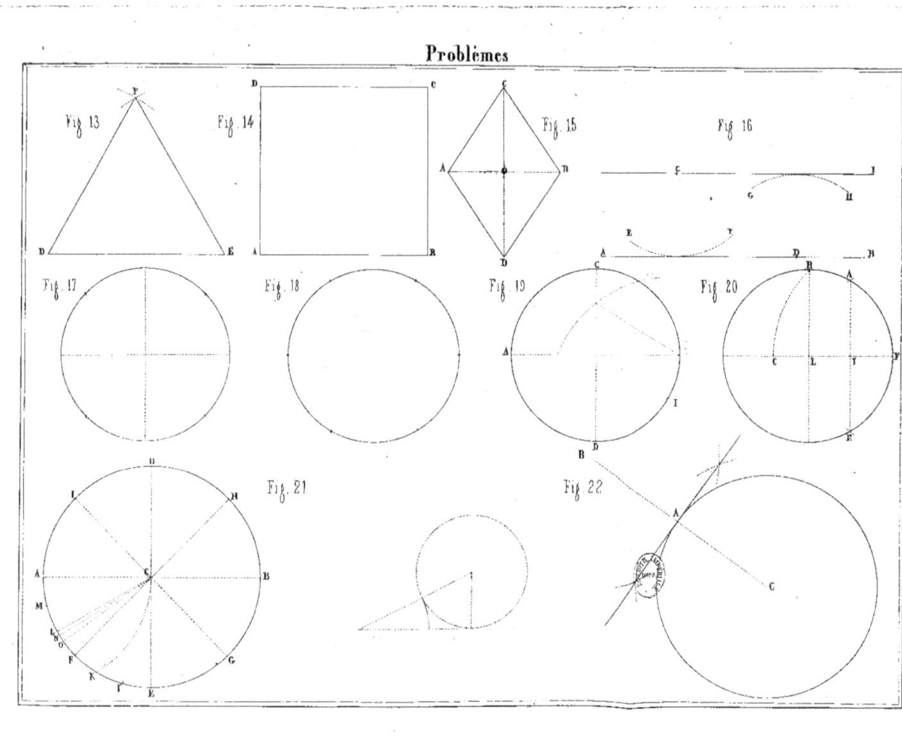

Problèmes

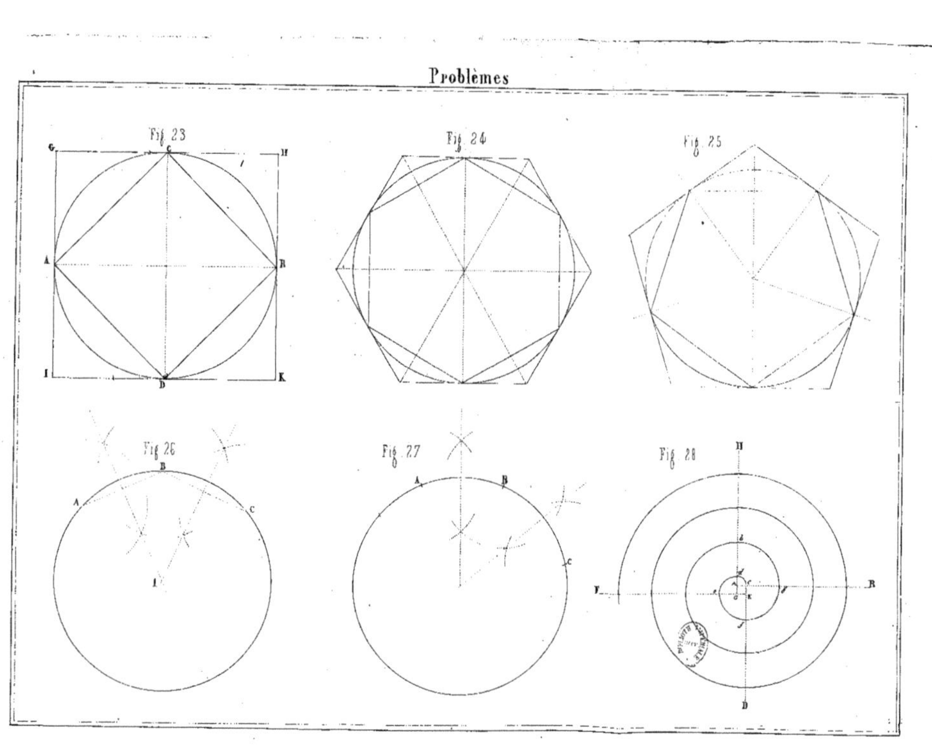

Problèmes

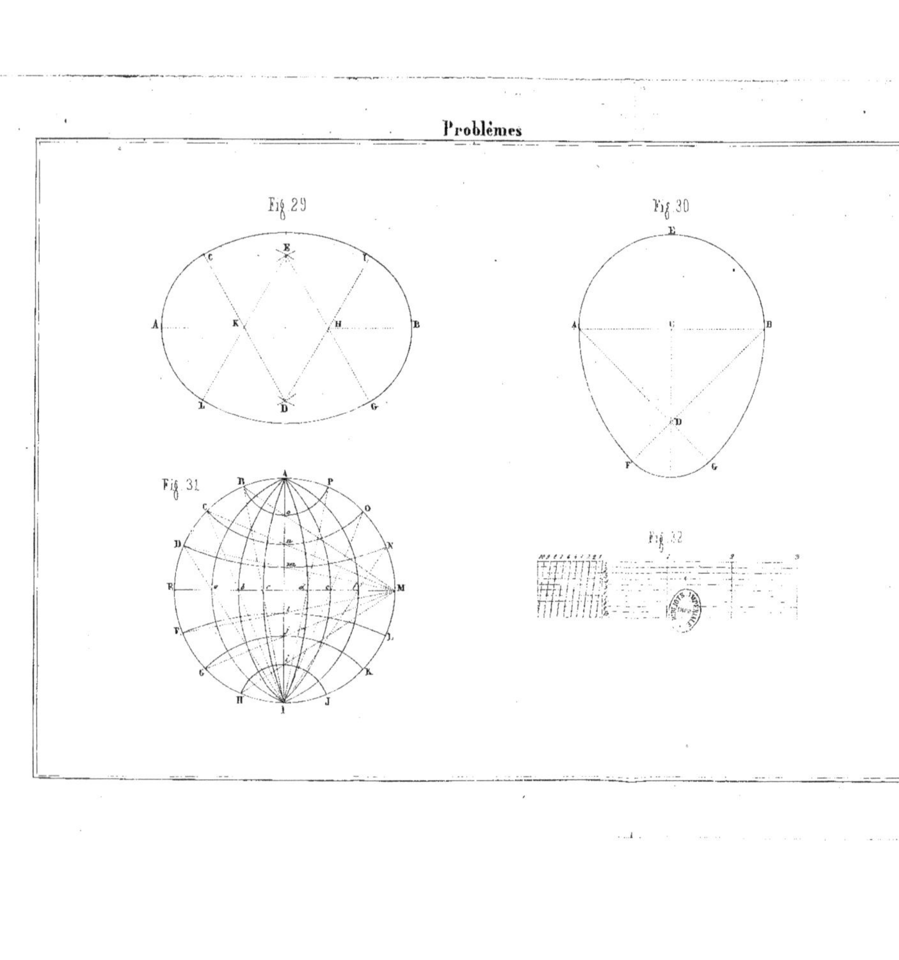

Exercices à vue.

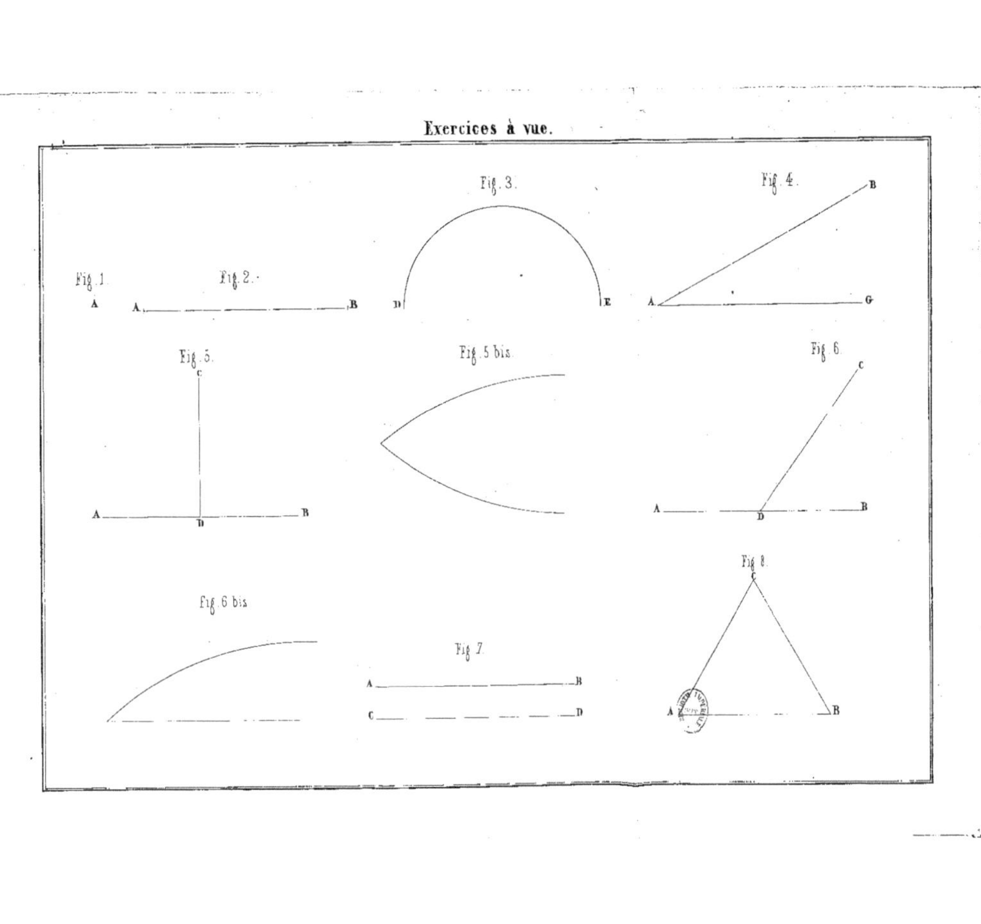

Exercices à vue

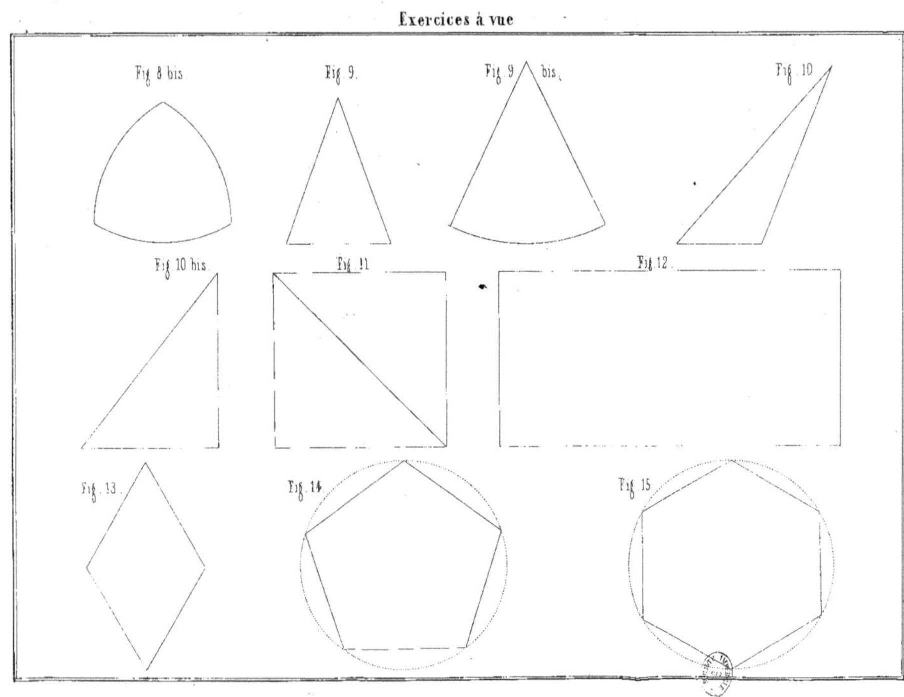

Exercices à vue

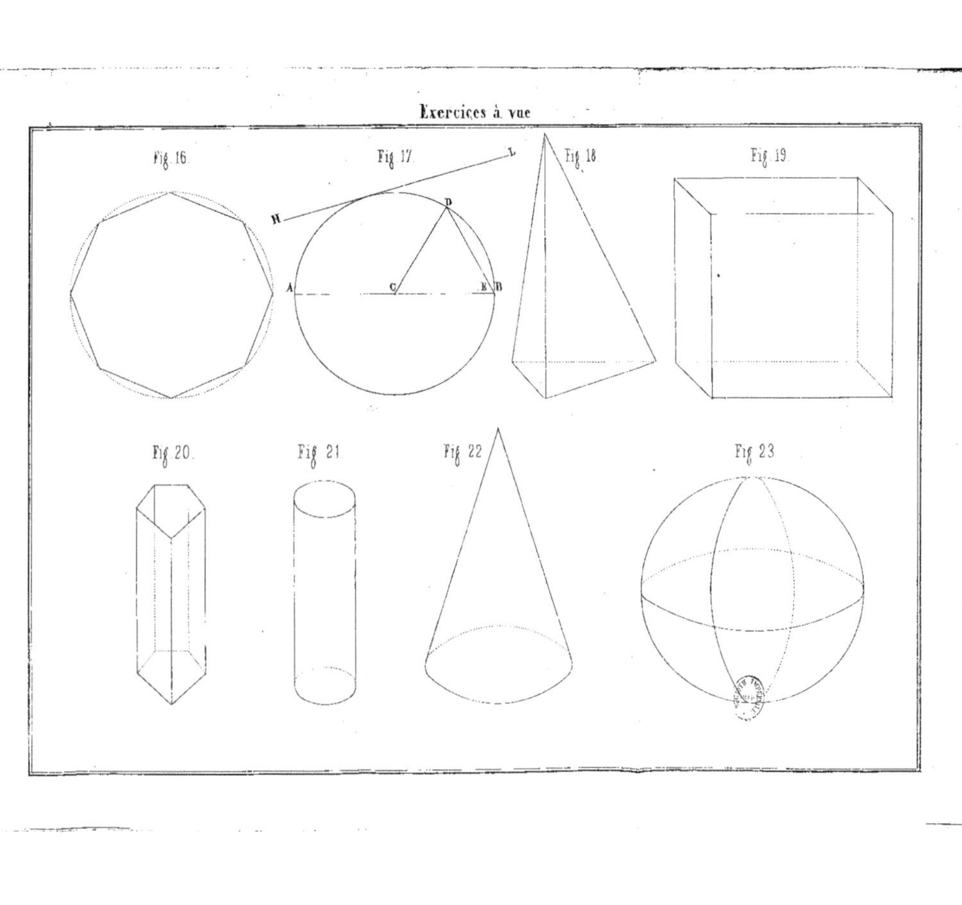

Application des Problèmes

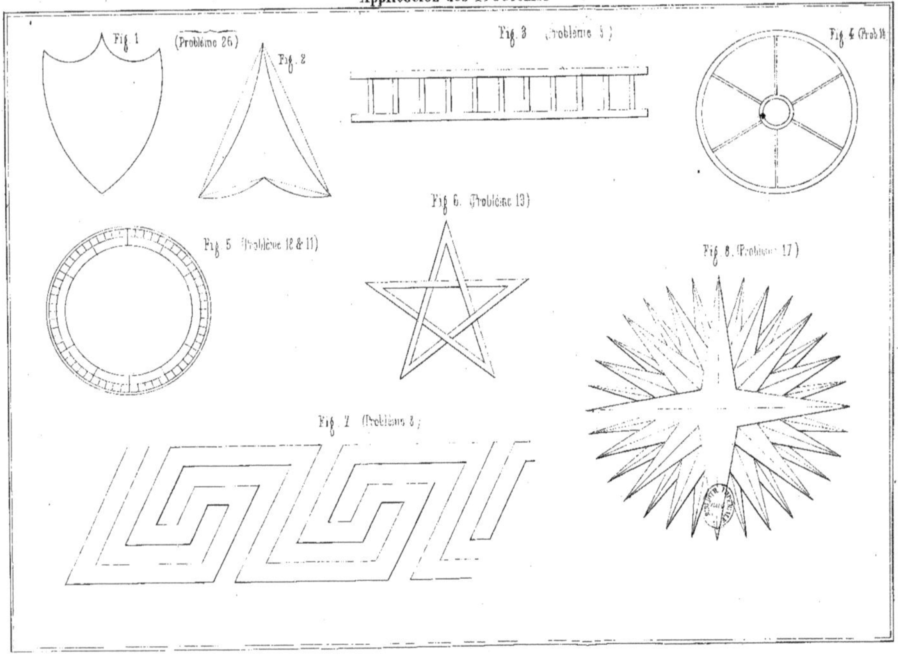

Fig. 1 (Problème 26)

Fig. 2

Fig. 3 (Problème 5)

Fig. 4 (Prob 14)

Fig. 5 (Problème 12 & 11)

Fig. 6. (Problème 13)

Fig. 8. (Problème 17)

Fig. 7 (Problème 8)

Application des Problèmes.

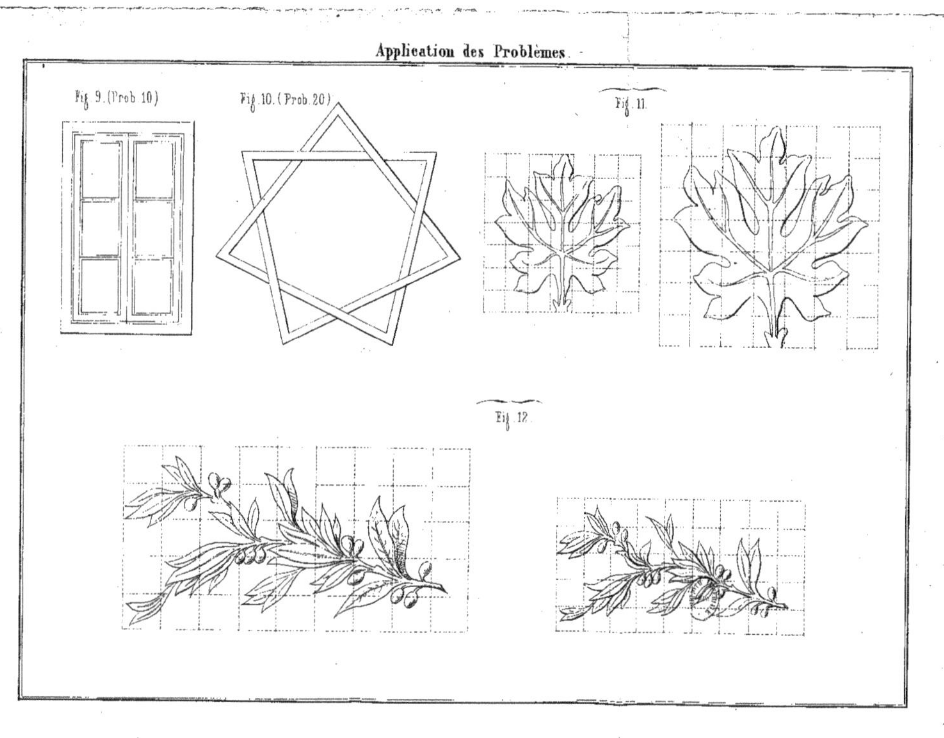

Proportions de la tête et de l'ensemble des traits

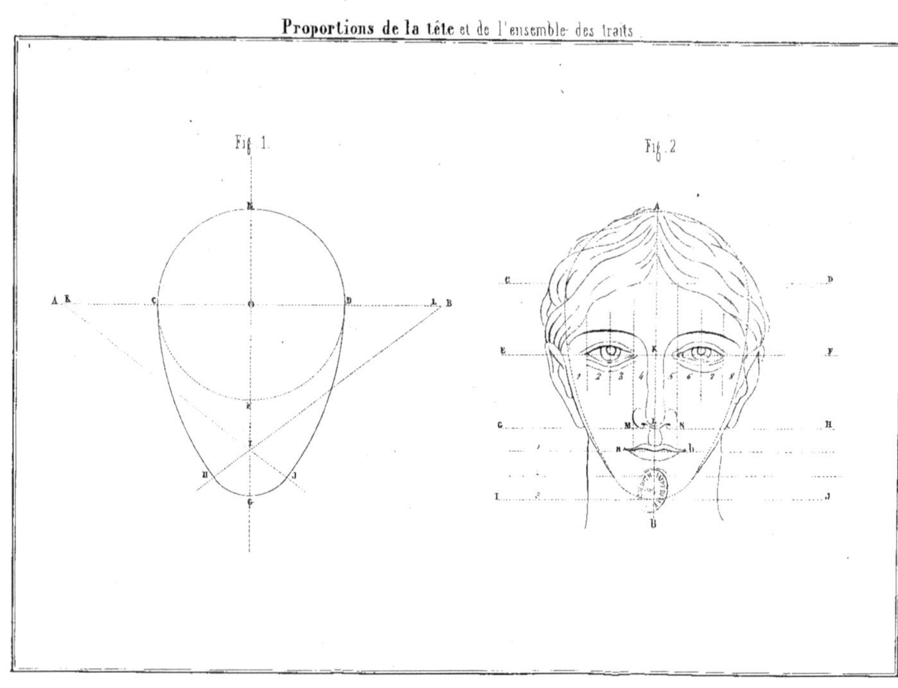

Proportions de la tête et de l'ensemble des traits

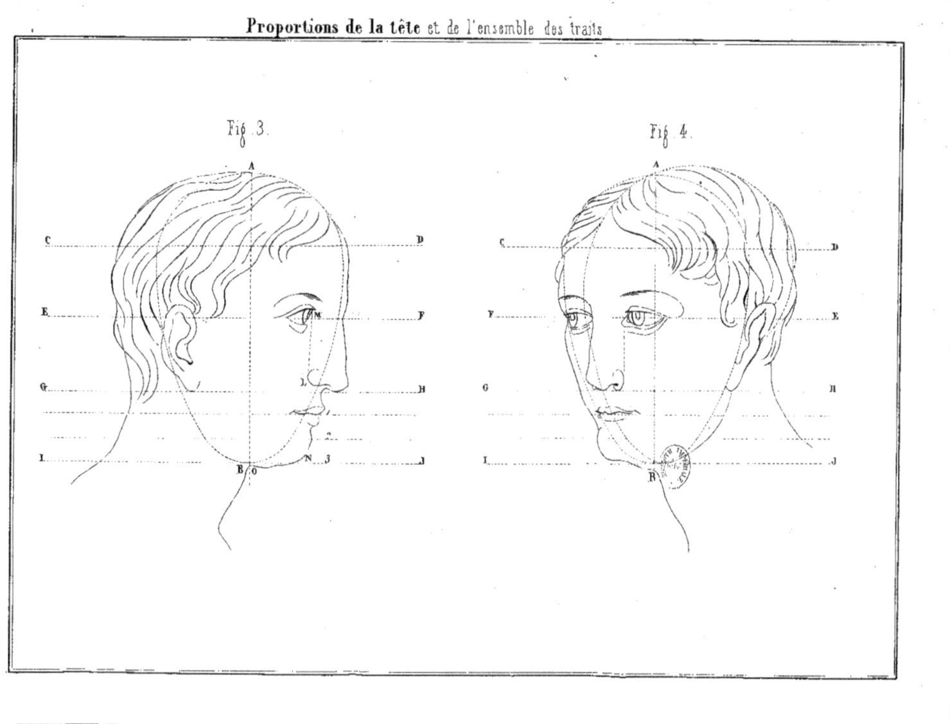

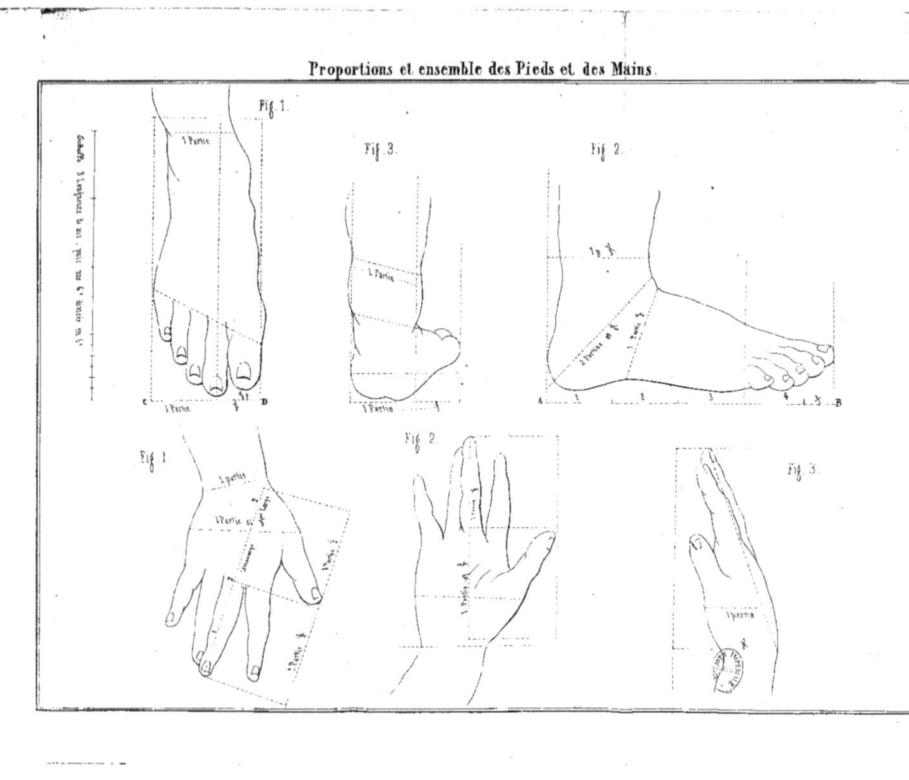

Proportions et ensemble des Pieds et des Mains.

www.ingramcontent.com/pod-product-compliance
Ingram Content Group UK Ltd.
Pitfield, Milton Keynes, MK11 3LW, UK
UKHW021115200726
13857UKWH00003B/1259